BEI GRIN MACHT SICH IHR
WISSEN BEZAHLT

- Wir veröffentlichen Ihre Hausarbeit,
  Bachelor- und Masterarbeit

- Ihr eigenes eBook und Buch -
  weltweit in allen wichtigen Shops

- Verdienen Sie an jedem Verkauf

Jetzt bei www.GRIN.com hochladen
und kostenlos publizieren

Bibliografische Information der Deutschen Nationalbibliothek:

Die Deutsche Bibliothek verzeichnet diese Publikation in der Deutschen National-
bibliografie; detaillierte bibliografische Daten sind im Internet über http://dnb.d-
nb.de/ abrufbar.

Impressum:

Copyright © 2020 GRIN Verlag
Druck und Bindung: Books on Demand GmbH, Norderstedt Germany
ISBN: 9783346182814

Dieses Buch bei GRIN:

https://www.grin.com/document/593956

Alexander Meyer

Das Salutogenese Modell. Tätigkeitsfelder von Rehabilitationspsychologen und Forschungsmethoden der Rehabilitation

GRIN Verlag

GRIN - Your knowledge has value

Der GRIN Verlag publiziert seit 1998 wissenschaftliche Arbeiten von Studenten, Hochschullehrern und anderen Akademikern als eBook und gedrucktes Buch. Die Verlagswebsite www.grin.com ist die ideale Plattform zur Veröffentlichung von Hausarbeiten, Abschlussarbeiten, wissenschaftlichen Aufsätzen, Dissertationen und Fachbüchern.

Besuchen Sie uns im Internet:

http://www.grin.com/

http://www.facebook.com/grincom

http://www.twitter.com/grin_com

SRH Fernhochschule

Bachelorstudium Psychologie

„Das Salutogenese Modell, Tätigkeitsfelder von Rehabilitationspsychologen sowie
Forschungsmethoden der Rehabilitation"

Einführung in die Rehabilitationspsychologie

Alexander Meyer

Inhaltsverzeichnis

ABBILDUNGSVERZEICHNIS III

A1   SALUTOGENESE MODELL 1

A2   TÄTIGKEITSFELDER VON REHABILITATIONSPSYCHOLOGEN 6

A3   FORSCHUNGSTHEMEN 12

QUELLENVERZEICHNIS III

III

Abbildungsverzeichnis

Abb. 1: Einflussfaktoren auf die Krankheitsbewältigung................................5

Abb. 2: Tätigkeitsfelder von praktisch tätigen Rehabilitationspsychologen.........7

Abb. 3: Studiendesign 14

A1 Salutogenese Modell

Das von dem Medizinsoziologen entwickelte Konzept des Salutogenese Modells, stellt einen Versuch dar, das medizinisch naturwissenschaftliche Grundverständnis von gesund und krank zu verändern.[1] Die Gesellschaft in den 1970er-Jahren bemängelte seinerseits das Gesundheitssystem als zu sehr auf Störungen orientiert. Das Modell der Salutogenese ist eine in sich gegensätzliche, aber auch ergänzender Ansatz zu dem vorherrschenden medizinischen Begriff der Pathogenese. Pathogenese ist konzentriert auf den Ursprung und die Behandlung von Krankheiten, hingegen die Salutogenese konzentriert ist auf das Wohlbefinden mit der zentralen Fragestellung, was Menschen in belastenden Situationen gesund hält.[2] Anotovsky ist davon überzeugt, dass sich Krankheit und Gesundheit nicht voneinander ausschließen, sondern sich im Laufe des Lebens einmal in die eine und in die andere Richtung ausschlagen. Der Mensch pendelt demnach zwischen den beiden Extremen gesund und krank hin und her. Welche jedoch in der Fülle nie ganz erreicht werden können, also der Mensch erreicht nie einen Zustand vollkommenen krank bzw. gesund seins.[3] So dient folgende Definition von Gesundheit als Orientierung bei der Salutogenese. „Gesund ist ein Mensch, der mit oder ohne nachweisbare oder für ihn wahrgenommene Mängel seiner Leiblichkeit alleine oder mit Hilfe anderer Gleichgewichte findet, entwickelt und aufrechterhält, die ihm ein sinnvolles, auf die Entfaltung seiner persönlichen Anlagen und Lebensentwürfe eingerichtetes Dasein und die Erreichung von Lebenszielen in Grenzen ermöglichen, sodass er sagen kann: mein Leben, meine Krankheit, mein Sterben."[4] Ebenso ein wesentlicher Bestandteil des Modells sind die Stressoren. Stressoren werden als Belastungen an den Organismus definiert, welche dessen Gleichgewicht stören und keine direkte Handlung erfordern, um dieses Gleichgewicht wieder zu stabilisieren.[5] Bei dem Kontakt mit einem Stressor folgt ein physiologischer Spannungszustand, welcher bewältigt werden will. Wenn nun dieser bewältigende Versuch glückt, bewegt sich die Person zum positiven Pol,

---

[1] Vgl. Wolf-Kühn; Morfeld (2016), S. 13.
[2] Vgl. Wolf-Kühn; Morfeld (2016), S. 13.
[3] Vgl. Wolf-Kühn; Morfeld (2016), S. 13.
[4] Wolf-Kühn; Morfeld (2016), S. 14.
[5] Vgl. Bengel et al. (2006), S. 32.

2

es zeigt sich also eine förderliche Wirkung der Gesundheit.[6] Umgekehrt ergibt sich ein Stresszustand, welcher negative Auswirkungen auf die Gesundheit haben kann, und pathogene Einflüsse resultieren.[7] Grundsätzlich findet keine Betrachtung gegenüber Stressoren als gesundheitsschädigend statt.[8]

Die generalisierten Widerstandsressourcen kurz GRR sind dafür entscheidend, ob eine Bewegung in Richtung des positiven Pols gelingt. Diese Widerstandskräfte helfen dem Menschen Probleme, stressreiche Situationen, sowie Spannungen entgegen zu treten. Diese Faktoren sind ein elementarer Protektivfaktor für die Gesundheit des Menschen, auch wenn diese nicht unmittelbar auf die Gesundheit einwirken, haben sie einen entscheiden Einfluss.[9] Die Faktoren weisen ein sehr breites Spektrum vor. Darunter individuelle Faktoren wie Bewältigungsstrategien, Intelligenz etc., sowie kulturelle und soziale Faktoren wie Finanzen, soziale Unterstützung etc..[10] Durch die filtrierende Wirkung entgegen der in Belastungen zeigenden Beeinträchtigung des Wohlbefindenden bzw. der Krankheitsbedingungen. Durch die GRR wird es ermöglicht, Konsistenz erstrebende Lebenserfahrungen zu sammeln, welche einen Beitrag zu der Ausgeglichenheit zwischen Überforderung sowie Unterforderung, sozialen Teilhabe und personalen Kontrolle ermöglichen.[11] Diese Ressourcen entwickeln sich vor allem im Kindes- und Jugendalter. Dadurch resultierend, also aus den Erfahrungen, ist der Kohärenzsinn (SOC) zu nennen. Der Kohärenzsinn kann übersetzt werden mit Stimmigkeit, bedeutet dass die Gesundheit bzw. das Vertrauen, äußerliche sowie innerliche Herausforderungen sortiert, prognostiziert und mit den zur Verfügung stehenden Ressourcen begegnet werden.[12]

2

[6] Vgl. Bengel et al. (2006), S. 32.
[7] Vgl. Bengel et al. (2006), S. 37.
[8] Vgl. Bengel; Lyssenko (2012), S. 17.
[9] Vgl. Bengel et al. (2006), S. 143.
[10] Vgl. Bengel et al. (2006), S. 143.
[11] Vgl. Bengel et al. (2006), S. 79.
[12] Vgl. Faltermaier; Faltermaier (2017), S. 193.

Der Kohärenzsinn setzt sich aus drei Elementen zusammen:

Verstehbarkeit

Mit Verstehbarkeit ist das Vertrauen, Anforderungen sowie Reize, die entweder bekannt oder auch unbekannt sind, in sich stimmig strukturiert wahrzunehmen.[13]

Bewältigbarkeit

Mit Bewältigbarkeit ist das instrumentelle Vertrauen in die Machbarkeit von Problemen gemeint. Dabei ist die Wahrnehmung, dass die passenden Ressourcen zur Verfügung stehen erforderlich, entweder in sich selbst, in andere Personen oder höhere Mächte.[14]

Sinnhaftigkeit

Die Sinnhaftigkeit meint die mit sinngestifteten Anforderungen im Leben, die nicht als Last erledigt werden müssen, sondern man sich diesen Herausforderungen positiv verpflichtet fühlt.[15]

Ein starker SOC entwickelt sich, wenn Menschen durch Erfahrungen eine Wahrnehmung erreicht haben, dass genug GRR verfügbar ist, sodass das Leben nicht chaotisch und zufällig, sondern aktiv Einfluss genommen werden kann und die entsprechenden Dinge einen Sinn haben.[16] Ein ausgeprägter SOC sorgt bei Menschen dafür, dass sie Anforderungen nicht hilflos unterlegen fühlen sondern aktiven Einfluss nehmen können. Die Anforderungen bzw. Stressoren wirken bei diesen Menschen nicht so stark angstauslösend und werden als Herausforderung gewertet.[17]

Ein starker Kohärenzsinn, so Antonovsky, welcher sich stark ausgebildet hat, macht eine radikale Veränderung sehr unwahrscheinlich. Lediglich eine therapeutische Intervention, oder eine radikale Veränderung in den die Lebenserfahrungen der Menschen formenden Settings, sei wirksam.

---

[13] Vgl. Antonovsky; Franke (1997), S. 39.
[14] Vgl. Antonovsky; Franke (1997), S. 39.
[15] Vgl. Antonovsky; Franke (1997), S. 39.
[16] Vgl. Bengel et al. (2006), S. 146.
[17] Vgl. Bengel et al. (2006), S. 146.

4

Im Folgenden wird ein Beispiel von COPD gezeigt, wie mit Hilfe Salutogenese ein Rehabilitationsprozess gehalten wird. COPD ist eine Atemwegserkrankung, bei der die Bronchien verengen und der Erkrankte unter Atemnot bzw. dem Gefühl des Luft wegbleibens leidet. Vor allem alltägliche Situation, wie das Treppen steigen, werden als große Belastungssituation wahrgenommen. Diese Erkrankung kann zur Folge haben, dass der Betroffene sich auf Grund der Atemprobleme nicht mehr Belastungen aussetzt, sondern eine schonende Haltung einnimmt, unter dem sein Herz-Kreislaufsystem, muskuläres System etc. runter leiden, welches zu einer Abwärtsspirale führen kann und noch weitere Probleme sein Leben einschränken.[18]

Hier kommt die peunomolgische Rehabilitation ins Spiel. Diese ist ein Pakt aus verschiedensten Maßnahmen, um bei chronischen Erkrankungen der Lunge zu helfen.[19] Der Patient erhält ein individuelles abgestimmtes Programm basierend auf der Voruntersuchung. Beispielsweise besteht eine solche Therapie aus der Atemphysiotherapie, dem Erlernen von beispielsweise der richtigen Nutzung eines Inhalators oder auch Motivationselementen.[20] Situativ findet eine Rauchentwöhnung oder ein psychologische Unterstützung statt. Das Ziel der pneumologischen Rehabilitation ist es, den Zustand sowohl körperlich als auch psychisch zu optimieren und fördernde Verhaltensweisen der Gesundheit über die Dauer der Behandlung zu unterstützen.[21] Die Krankheit der COPD ist zwar sehr komplex als auch unheilbar, jedoch können die gesundheitlichen Beeinträchtigungen in eine positive Richtung verändert werden, wobei die Salutogenese eine elementare Rolle spielt.[22] Dabei ist ein elementarer Bestandteil aus dem Modell resultierend, dass sich an den vorhandenen Ressourcen des Patienten orientiert wird und der Kohärenzsinn gestärkt wird. Auch ist die Eigenverantwortung des Patienten wichtig.[23] Ebenso wichtig ist die Salutotherapie, bei der nicht nur lediglich auf den Patienten an sich geschaut wird, sondern seine Umweltbedingungen

4

[18] Vgl. Bengel et al. (2006), S. 146.
[19] Vgl. Jochheim (2019), S. 47.
[20] Vgl. Jochheim (2019), S. 47.
[21] Vgl. Jochheim (2019), S. 47.
[22] Vgl. Jochheim (2019), S.47.
[23] Vgl. Bengel et al. (2006), S. 82.

ebenso betrachtet und gefördert werden, sodass diese gesundheitsförderlich wirken. Im Kern geht es darum, die funktionale Gesundheit weitestgehend zu erhal-
ten und die Krankheitsfolgen zu vermindern.[24] Dabei geht es vor allem nicht darum, das klassische symptomische Vorgehen auszutauschen, sondern sinnvoll
zu erweitern.

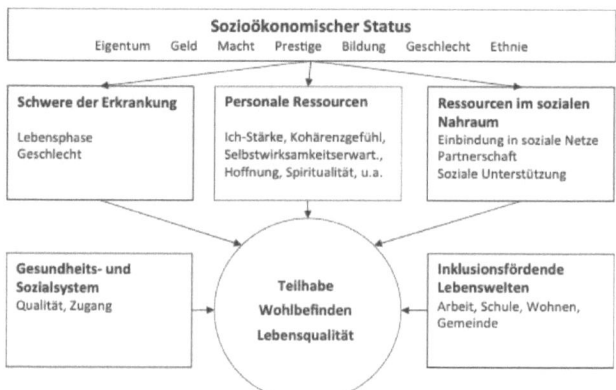

Abb. 1: Einflussfaktoren auf die Krankheitsbewältigung
(Quelle: Wolf-Kühn/Morfeld (2016), S.42)

So gibt es verschiedene Einflussfaktoren auf die Krankheitsbewältigung. Auf das
Beispiel der COPD übertragen bedeutet das, dass die Krankheit zwar nicht heil-
bar ist, jedoch ein Part seines Lebens darstellt und der Patient dabei unterstützt
wird, Zukunftsperspektiven und mehr Selbstbestimmung im Umgehen mit der
Krankheit zu entwickelt und darüber hinaus eine Lebensführung zu festigen, welche sich als gesund und fördern zeigt.[25] Daher besteht das Ziel darin, den Patienten dabei zu helfen ein relativ normales Leben zu leben und die normalen Anforderungen, die jeder Mensch hat, gut zu meistern. Die personalen Ressourcen
umfassen beispielsweise die beruflichen Qualifikationen. Durch hohe Qualifikationen erhört sich automatisch die Chance weiterhin am Berufsleben zu wirken.
Durch die hohe psychische Belastung der Patienten kann dies schnell in eine
seelische Abwärtsspirale resultieren, wie z.B. Ängsten oder Depressionen, daher
ist die Einbindung sozialer Kontakte ebenso ein wichtiger Part, damit keine Iso-
lation des Patienten resultiert.[26] Ein soziales Netzwerk kann sich positiv auf den

---

[24] Vgl. Jochheim (2019), S. 47.
[25] Vgl. Wolf-Kühn; Morfeld (2016), S. 67.
[26] Vgl. Wolf-Kühn; Morfeld (2016), S. 48.

psychischen und physischen Zustand des Patienten auswirken, wenn er das Gefühl hat, dass er sich bei Bedarf auf andere verlassen kann.[27] Da eine Leitsymp-
tomatik der COPD Erkrankten die Atemnot darstellt, ist es wichtig Selbsthilfemaß-
nahmen, wie beispielsweise eine besondere Atemtechnik, beizubringen.[28]

A2   Tätigkeitsfelder von Rehabilitationspsychologen

Rehabilitation leitet sich vom lateinischen Wort rehabilitatio ab und heißt in etwa
soviel wie eine Person in den alten Stand zusetzen.[29] In der Praxis bedeutet das,
dass die Rehabilitation versucht, Menschen mit einer Krankheit selbstständig
dabei zu unterstützen, wieder am alltäglichen Leben innerhalb der Gesellschaft
teilzunehmen. Übertragen auf die Rehabilitationspsychologie bedeutet das, dass
durch psychologische Mittel und durch gesellschaftliche Teilhabe, chronisch
Kranke, Behinderte sowie von einer chronischen Krankheit bedrohten Menschen
unterstützt werden.[30] Laut statistischen Bundesamt arbeiteten im Jahre 2014
rund 5.000 Rehabiliationspsychologen. „Niemand konnte Anfang der 1970er
Jahre ahnen, dass sich insbesondere die medizinische Rehabilitation innerhalb
von 40 Jahren zu einem so wichtigen Arbeitsfeld für Psychologen entwickeln
würde.“[31] So die Aussage von Bengel und Mittag. Heutzutage sind die Psychologen der Rehabiliation verstärkt in der medizinischen als auch der beruflichen Rehabilitation vorzufinden. In der unten aufgeführten Tabelle sind einige Tätigkeitsfelder von Rehabiliationspsychologen vorzufinden.

---

[27] Vgl. Jochheim (2019),, S. 48.
[28] Vgl. Wolf-Kühn; Morfeld (2016), S. 43.
[29] Vgl. Wolf-Kühn; Morfeld (2016), S. 4.
[30] Vgl. Wolf-Kühn; Morfeld (2016), S. 4.
[31] Bengel; Mittag (2016), S. 4.

7

- Rehabilitationskliniken (Erwachsene, Kinder- und Jugendliche)
- Ambulante Rehabilitationszentren
- Tageskliniken für seelisch behinderte Kinder- und Jugendliche
- Forensische Arbeitsbereiche
- Sozialpädiatrische Zentren
- Frühfördereinrichtungen
- Kinder- und Jugendheime
- Sonder- und Integrationskindergärten, Sonder- und Integrationsschulen
- Förder- oder Wohneinrichtungen für Menschen mit körperlicher, psychischer und/oder geistiger Behinderung
- Akutkrankenhaus (z.B. Psychoonkologischer Konsiliardienst)
- Berufsförderungs- und Berufsbildungswerke
- Berufstrainingszentren
- Werkstätten für Menschen mit Behinderung
- Psychosoziale Beratungsstellen, u.a.

Abb.: 2: Tätigkeitsfelder von praktisch tätigen Rehabiliationspsychologen (Quelle: Wolf-Kühn & Morfeld, 2016, S.6)

Nun wird im Folgenden auf 4 verschiedene Berufsfelder von Rehabiliationspsychologen näher eingegangen und die erforderlichen Kompetenzen nahe gebracht.

Rehabilitationskliniken

In spezialisierten Kliniken, als auch in ambulanten Zentren, findet medizinische Rehabilitation statt. Im internationalen Vergleich zwar unkonventionell, sind die Kliniken indikationsspezifisch aufgebaut. So gibt es Kliniken für somatische, psychosomatische, psychiatrische Indikationen als auch solche für Kinder und Jugendliche, Süchte und älteren Menschen. Je nach spezifischer Problematik ist der wesentliche Fokus der medizinischen Rehabilitation, Erkrankungen oder Störungen auf körperlicher und psychischer Ebene zu verbessern und bei der Bewältigung der Krankheit zu unterstützen. Damit das in der Rehabilitation Gelernte nach dem Aufenthalt nicht wieder in alte Muster verfängt, gibt es spezielle Nachsorgeangebote im Anschluss. Folglich arbeiten in der Rehabilitation interdisziplinäre Akteure zusammen. Darunter Psychologen, Ärzte, Ergotherapeuten, Logopäden, Sozialarbeiter, Musik-, Kunst- und Tanztherapeuten, Diätassistenten als auch Körpertherapeuten. Die Rehabiliationspsychologen helfen dem Patienten dadbei seine Handlungsfähigkeit in altäglichen Situationen, trotz chronischer

Krankheit, mit Hilfe von Beratung, Psychotherapie und Schulungen zu meistern.[32] Dabei wird der Umgang mit Schmerzen trainiert, also auch der Umgang mit Angst und Stress. Im Rahmen dessen werden weitestgehend die Angehörigen mit integriert.[33]

Dabei zählen zu den im Kern zugehörigen Aufgaben eines Rehabilitationspsychologen die Diagnostik, klinisch-psychologische Intervention, Beratung und Psychotherapie, Entspannungsverfahren, Patientenschulung und Gesundheitsförderung.[34]

Die Diagnostik befasst sich in diesem Kontext mit den psychosozialen Elementen der Gesundheitsproblematik. Hier sollen psychische Störungen, Aspekte der Persönlichkeit, Belastbarkeit etc. diagnostiziert werden. Dabei basiert in der Rehabilitation die Diagnostik auf Beobachtung, Exploration sowie Fragebögen und Tests. Dabei ist zu Beginn der Behandlung eine Eingangsdiagnostik und eine zu Beendigung der Rehabilitation eingesetzte Erfolgsevaluation angesetzt. Ein weiteres Spektrum sind psychologische Interventionen. Dazu zählen psychologische Gruppenangebote, Einzel-, Angehörigen-, Paar- sowie Familienberatungen und Einzel- und Gruppenpsychotherapie. Bei den psychologischen Gruppenangeboten sollen psychosoziale Bewältigungsressourcen des Patienten ausgebaut werden, sowie dysfunktionale Muster wie Ängste etc. aufgearbeitet werden. Aber auch Entspannungsverfahren, wie autogenes Training und progressive Muskelrelaxation, gehören zu dem Tätigkeitsfeld von Rehabilitationspsychologen, ebenso wie Patientenschulung und Gesundheitsförderung. Ersteres hat als Zielorientierung das Selbstmanagement, also der Förderung des selbstbestimmten Umgangs des Patienten mit der Krankheit, mit Hilfe von Kompetenzen und Wissen.[35]

---

[32] Vgl. Wolf-Kühn; Morfeld (2016), S. 67.
[33] Vgl. Wolf-Kühn; Morfeld (2016), S. 67.
[34] Vgl. Wolf-Kühn; Morfeld (2016), S. 67.
[35] Vgl. Wolf-Kühn; Morfeld (2016), S. 67.

9

Werkstätten für Menschen mit Behinderung (WfbM)

Werkstätten für Menschen mit Behinderung kurz WfbM, sind Einrichtungen in der beruflichen Rehabilitation. Die primäre Aufgabenstellung der Einrichtungen lautet, Menschen mit Behinderung die auf Grund ihrer individuellen Problematik nicht oder auch noch nicht auf den allgemeinen Arbeitsmarkt tätig sein können, trotzdem eine Beschäftigung beruflicher Art zu geben. Im Gegenzug bekommen die dort Beschäftigten eine angemessene Vergütung. Die Werkstätten verfügen über ein sehr breites Spektrum an Bildungs- und Beschäftigungsmöglichkeiten. Zudem sind in den WfbMs betreuendes Personal, wie der Sozialdienst aber auch medizinische oder psychologische Unterstützer, tätig. Dabei liegt der Fokus darauf, jeden Behinderten eine Teilnahme am beruflichen Arbeitsleben, sowie eine generelle Teilnahme an der Gemeinschaft zu bieten.[36] Dabei leisten die Rehabilitationspsychologen Diagnostik, Gutachtenerstellung, Beratung von Betroffenen, Betreuer und Angehörigen, also auch Gesprächstherapie und die psychotherapeutische Vermittlung.[37]

Berufliche Rehabilitation in Berufsförderungswerken (BFW)

Ein weiteres Aufgabenfeld ist die berufliche Rehabilitation, also die Rehabilitation mit Leistungen zur Teilhabe am Arbeitsleben. Hier zählt zum Beispiel Menschen mit Behinderung einen Zugang zum Arbeitsmarkt, sowie fachlicher und beruflicher Weiterbildung als auch Berufsausbildungen und Stellenvermittlung zu ermöglichen. Zu dem Aufgabenspektrum eines Rehabilitationspsychologen in der beruflichen Rehabilitation zählen Assessmentmaßnahmen, Vorbereitungs-, Ausbildungs-, Umschulungs- und Qualifizierungsmaßnahmen und Ersteingliederungsmaßnahmen. Besonders soll hier der Tätigkeitsbereich in einem Berufsförderungswerk betont werden. In einem Berufsförderungswerk werden berufliche Bildungsmaßnahmen angeboten, die wegen psychischen oder auch physischen Behinderungen bzw. durch eine Behinderung bedroht, ihren Beruf nicht mehr nachgehen können.[38] Hier soll nun die Teilhabe am Arbeitsleben durch eine Er-

---

[36] Vgl. Renneberg; Hammelstein (2006), S. 270.
[37] Vgl. Renneberg; Hammelstein (2006), S. 270.
[38] Vgl. Wolf-Kühn; Morfeld (2016), S. 79.

haltung, Verbesserung oder Wiederherstellung der Fähigkeit zur Leistung aufgebaut werden. Dort finden dann Fort- und Weiterbildungen, Umschulungen und
Qualifizierungen statt.[39] Es wird primär Fachwissen vermittelt, oder auch Kompetenzen auf sozialer und persönlicher Ebene gefördert, aber ebenso soll die gesellschaftliche und private Handlungsfähigkeit wiedererlangt werden.[40] Detailliert
betrachtet umfasst das Tätigkeitsfeld der beruflichen Rehabilitation die Beratung
als auch Unterstützung bei beruflichen Maßnahmen der Rehabilitation. Primär
sind die Rehabilitationspsychologen für die psychologische als auch die psychotherapeutische Begleitung zuständig. Dazu zählen Mittel zum Stressabbau, trai-
nieren von Entspannungsmethoden, Prüfungsvorbereitung, Unterstützung bei
der Bearbeitung der Behinderung, Trainings zur Selbstsicherheit oder auch soziale Kompetenzen. Des weiteren werden auch alle involvierten Akteure im Umgang mit den Teilnehmern etc. beraten.[41]

Frühfördereinrichtungen

Frühfördereinrichtungen sind Einrichtungen für Kinder mit Entwicklungsstörun-
gen bzw. Entwicklungsgefährdungen sowie drohender Behinderung. Wenn bei
einem Kind eine Auffälligkeit bezogen auf die Entwicklung der Bewegung, der
Sprache, dem Verhalten und des Geistes vermutet wird, bieten die Frühfördereinrichtungen Beratungs- und Hilfsangebote an.[42] Vor allem kommt hier das pädagogische und therapeutische Angebot von Ärzten, Psychologen, Pädagogen,
Logopäden, Physiotherapeuten sowie Ergotherapeuten zum Einsatz. Dabei ist
das Ziel, durch die Angebote den Kindern Unterstützung zu bieten ihre individuellen Stärken und Fähigkeiten zu nutzen und zu entwickeln, um eine Entwicklung
des Kindes auf eine bestmögliche Stufe zu ermöglichen.[43] Die Tätigkeit der psychologischen Fachkräfte umfasst die Diagnostik und Gutachtenerstellung, beispielsweise des Entwicklungstandes des Kindes. Auf Grund dieser Grundlage

---

[39] Vgl. Wolf-Kühn; Morfeld (2016), S. 79.
[40] Vgl. Renneberg; Hammelstein (2006), S. 270.
[41] Vgl. Wolf-Kühn; Morfeld (2016), S. 73.
[42] Vgl. Engel o.J.
[43] Vgl. Engel o.J.

11

werden weitere Förderschwerpunkte eingeleitet. Aber auch die Entwicklungsberatung, psychosoziale Beratung und die Krisen- und Konfliktberatung.[44]

Kompetenzen

Abschließend lassen sich die erforderlichen Kompetenzen zusammentragen, die für die oben aufgeführten Bereiche erforderlich sind:

Die erste Grundlage für eine Ausübung der Tätigkeit eines Rehabiliationspsychologen ist das Studium der Psychologie. Teilweise, vor allen in den Bereichen der medizinischen Rehabilitation, ist auch die psychotherapeutische Approbation erforderlich.[45] Besonders hervorzuheben sind die Sozialfähigkeiten eines Rehabilitationspsychologen, wie beispielsweise Verantwortungsbewusstsein, Kommunikationsfähigkeit, Problemlösungsfähigkeit und Einfühlungsvermögen, sowie Geduld, organisatorische Kompetenzen, Motivationsvermögen und pädagogische Fähigkeiten.[46] Durch die nahe Arbeit mit schwerwiegenden Schicksalen und besonders belastenden Situationen, ist eine hohes Maß an psychischer Belastbarkeit erfordert. Für Rehabilitationspsychologen, welche im Bereich der medizinischen Rehabilitation arbeiten, ist eine besondere Kenntnis im Bereich Diagnostik, Gesundheitsförderung, Motivationsaufbau als auch Beratung erforderlich. Zusätzlich sollten die Rehabilitationspsychologen medizinisches Grundwissen mitbringen.[47] In der beruflichen Rehabilitation sind grundsätzlich ähnliche oder auch die selbigen Kompetenzen nötig. Darüber hinaus Erfahrungen im Bereich Beratung, Arbeits-, Betriebs- und Organisationspsychologie sowie Diagnostik. Zudem sind Kenntnisse des aktuellen Arbeitsmarktes und der damit verbundenen verschiedenen Berufsbilder erforderlich.[48] In dem Bereich der Frühförderung sind Fähigkeiten in der Arbeit mit Kindern und deren Familien grundlegend.

---

[44] Vgl. Simon o.J.
[44] Vgl. Simon o.J.
[45] Vgl. Wolf-Kühn; Morfeld (2016), S. 7.
[46] Vgl. Bliem o.J.
[47] Vgl. Wolf-Kühn; Morfeld (2016), S. 7.
[48] Vgl. Wolf-Kühn; Morfeld (2016), S. 71–73.

A3   Forschungsthemen

Die Rehabilitationsforschung ist primär durch die Akteure wie die Kostenträger, also die Rentenversicherung und die Krankenkassen, von Ministerien, wie dem Bundesministerium für Arbeit und Soziales, aber auch von Rehabilitationseinrichtungen, angetrieben. Diese Forschungsaufträge werden primär durch Universitäten oder Hochschulen umgesetzt.[49] Zudem existieren noch weitere Akteure welche Forschungsarbeiten durchführen, begleiten und fördern. Beispielsweise Fachgesellschaften und Fachorganisationen, Forschungsverbünde und Netzwerke, Forschungsinstitute und Lehrstühle.[50] Dabei werden die Projekte teilweise gefördert durch wissenschaftliche Netzwerke, Rehabilitationsträger, Bundesministerien, die Ministerien der einzelnen Länder, Unternehmen, Stiftungen oder auch die Europäische Union.[51]

Themen der Forschung

Die Reha-Reformkommission aus den 1990er-Jahren ließ diverse rehabilitationswissenschaftliche Förderprogramme entstehen. Primär geht es dabei darum, die Qualität einer Rehabilitationsleistung zu verbessern, sowie die Wirksamkeit von Interventionen forschungsmethodisch qualitativ zu prüfen. Im Detail geht es verstärkt, um die rehabilitationspsychologische Forschung von psychologischer Diagnostik, aber auch die Krankheitsbewältigung.[52] Hier konzentriert sich die Forschung darauf, neue therapeutische Ansätze zu entwickeln, um die Verarbeitung der Krankheit zu optimieren. Weitere Forschungsthemen sind beispielsweise die Weiterentwicklung des Rehabilitationssystems an sich.[53] Des weiteren die Forschung von Patientenschulungen, Instrumente zur Optimierung der Ermittlung des Rehabilitationsbedarfs oder auch Qualitätsentwicklung. Die primären Themen der Rehabilitationsforschung sind vor allem psychologische Schutzfaktoren,

---

[49] Vgl. Wolf-Kühn; Morfeld (2016), S. 7.
[50] Vgl. Kurtenacker o.J.
[51] Vgl. Kurtenacker o.J.
[52] Vgl. Wolf-Kühn; Morfeld (2016), S. 7.
[53] Vgl. Bengel; Koch (2000), S. 33.

13

Resilienz, Screening, Therapieforschung bei psychischer Komorbidität bei chronisch Kranken, Sucht- und psychosomatische Rehabilitation.[54]

Bei der rehabilitationspsychologischen Forschung liegt der primäre Ansatz in der quantitativ-empirischen Forschung, wohingegen die qualitative Forschung eine unwesentliche Position einnimmt. Dabei besteht das Ziel hauptsächlich in der Evaluation, Differenzierung als auch der Optimierung der Maßnahmen.[55]

Medizinische Rehabiliationsforschung

7,3 % der im Jahre 2015 erbrachten medizinischen Rehabilitationen in Deutschland machten kardiovaskuläre Erkrankungen aus. Allgemein gesprochen: Herzkrankheiten. Daher ist das Ziel der medizinischen Rehabilitationsforschung diese Zahl zu verringern. Dafür ist grundsätzlich eine Lebensstiländerung, zur Einschränkung der Risikofaktoren, notwendig. Beispielsweise ist in medizinischen Rehabilitationen eingesetzte Versuch eine Veränderung, der Ernährung, Nikotinsucht, Bewegung, Stress etc. mit dem Patienten zu erzielen, welche notwendig ist, um das Risiko einzuschmälern.[56] Jedoch ist eine Veränderung hier für viele Betroffene sehr schwierig, da ein intensiver Grad an Motivation sowie Selbstmanagement erforderlich ist, zudem sind hierfür viele Patienten nicht bereit, in ihrem Stadium der Ambivalenz die Verhaltensweisen aufzugeben. Für solche Menschen sind laut Verhaltenstheorien motivierende Gespräche geeignet, während bei einer Änderungsabsicht volitionale Techniken, wie das Heidelberger Kompetenztraining, kurz HKT helfen sollen, Veränderung des Lebensstils zu erreichen.[57] In einer Langzeitstudie sollte nun die medizinische Rehabilitation von kardiovaskulären Erkrankungen optimiert werden, um eine Erreichung der Lebensstiländerung zu erlangen. Dabei lautet die Forschungshypothese: „Die Rehazielerreichung im Sinne einer Lebensstiländerung (Mehr Bewegung, Gewichtsabnahme, Nikotinentwöhnung) ist trotz Patientenschulung und Edukation zur Risikofaktoren nach Entlassung aus der Reha nicht nachhaltig – bei motivierten Pa-

---

[54] Vgl. Wolf-Kühn; Morfeld (2016), S. 7.
[55] Vgl. Wolf-Kühn; Morfeld (2016), S. 7.
[56] Vgl. Wolf-Kühn; Morfeld (2016), S. 7.
[57] Vgl. Knörzer et al. (2019), S. 196.

14

tienten kann durch volitionale Techniken des HKT eine nachhaltigere Lebensstiländerung verglichen mit herkömmlichen Schulungen erreicht werden."[58] Die
Untersuchung sollte zum Ziel haben, dass die Patienten sich mehr bewegen und
Gewicht abnehmen. Die HKT-Patienten beinhalteten eine Teilnehmermenge von
214 Personen, die Kontrollgruppe 116 Personen. Als Ausschlusskriterien für die
Wahl der Patienten wurden solche mit einer fehlenden Motivation, da die Technik
eine gewisse Änderungsbereitschaft erfordert und Personen mit einer Unbereit-
schaft zur Nachkontrolle nicht für die Studie geeignet sind. Das Studiendesign ist
in der unteren Abbildung 3 zu sehen.[59]

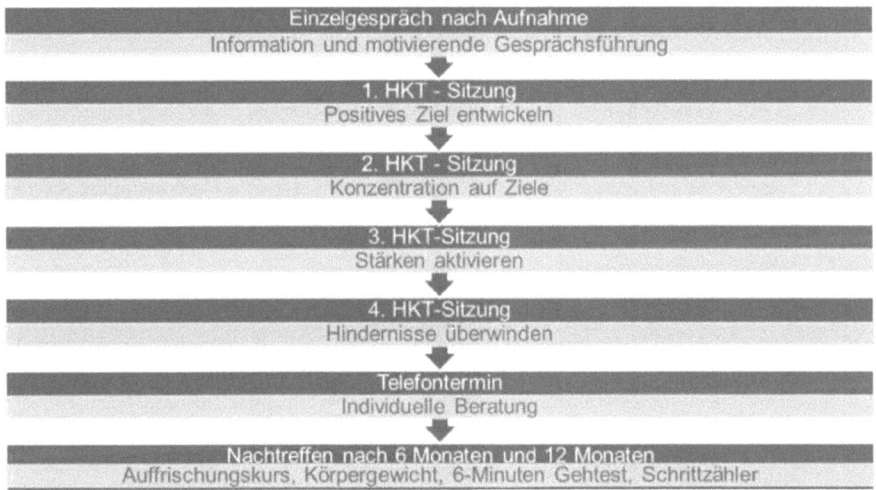

Abb. 3: Studiendesign HKT
(Quelle: Knörzer et al. 2019, S.197)

Die Ergebnisse zeigten, dass Patienten mit der HKT-Methode einen deutlichen
Gewichtsverlust während der Studie und 12 Monate darüber hinaus zeigten. Bei
der Kontrollgruppe war eine signifikante Gewichtsabnahme innerhalb der Rehabilitation und 6 Monate darüber sichtbar. Nach 12 Monaten jedoch ließ sich keine
weitere Wirkung beobachten. Bei dem Ziel der Mehrbewegung konnte bei der
HKT-Gruppe innerhalb der Reha und darüber hinaus eine hoch signifikante Stei-

---

[58] Vgl. Knörzer et al. (2019), S. 197.
[59] Vgl. Knörzer et al. (2019), S. 197.

15

gerung nachgewiesen werden. Bei der Kontrollgruppe zeigte sich eine signifikante Steigerung, auch nach 12 Monaten, jedoch in einem geringeren Maß als bei der HKT-Gruppe.[60]

Als Fazit kann aus dieser Studie eine die unterstützende Wirkung der HKT-Methode in einer kardiologischen Rehabilitation nachgewiesen werden und kann dem Ziel der nötigen Lebensweisenveränderung genutzt werden.[61]

Die Ergebnisse, bzw. die Erkenntnisse daraus resultierend könnten vor allem durch die Rehabilitationskliniken selbst genutzt werden, um die medizinische Rehabilitation der kardiologischen Patienten weiter zu optimieren. Aber auch eine präventive Nutzung der Erkenntnisse könnten dazu dienen, dass die Probleme gar nicht erst in einen behandlungsbedürftigen Zustand geraten. Die Methode ist jedoch auch nicht nur auf die kardiologisch Krankheitsproblematik zu reduzieren. Eine Veränderung zu einem gesunden Lebensstil können unter anderen auch einige Atemwegserkrankungen, Diabetes mellitus aber auch dem metabolischen Syndrom vorbeugen.[62]

Medizinisch-Berufliche Rehabilitation

In Deutschland ist die medizinisch-berufliche Rehabilitation das bindende Glied zwischen der sogenannten Phase 1 Rehabilitation (rein medizinisch) und der Phase 3 Rehabilitation (rein beruflich). Dabei ist das übergeordnete Ziel der medizinisch-beruflichen Rehabilitation die berufliche Teilhabe.[63]

Im Folgenden wird die MEMBER-Studie der Bundesarbeitsgemeinschaft medizinisch-beruflicher Rehabilitationseinrichtung in Deutschland vorgeführt. „Der Name dieser Studie lautet „MEMBER" (Multizentrische Evaluationsstudie zur medizinisch-beruflichen Rehabilitation)."[64] Dafür wurden in der Studie 196 Rehabilitanden der medizinisch-beruflichen Rehabilitation integriert. Der Untersuchungszeitraum umfasste 2 Jahre. Vorbereitend wurde ein ausführlicher Fragenkatalog

---

[60] Vgl. Knörzer et al. (2019), S. 199.
[61] Vgl. Knörzer et al. (2019), S. 200.
[62] Vgl. Knörzer et al. (2019), S. 201.
[63] Vgl. Nordmann o.J.
[64] Nordmann o.J.

16

arbeitet, um Ausgangswerte sowie in anschließenden halbjährigen Nachuntersu-
chungen in Form eines Telefoninterviews, Entwicklungswerte zu bekommen (Ba-
selineuntersuchungen und Follow-up- Untersuchungen).[65]

Das Befragungsdesign beinhaltete Fragen zu dem Kostenträger der mbR, der
Initiative der mbR, sozialanamnesistische Daten wie Bildungsgrad, Ausbildung
etc., sowie die Wertung der Rehabilitationsmaßnahme usw.. Von der Studie aus-
geschlossen waren Blinde oder Taube, sowie Menschen mit einer schweren
geistigen Behinderung.[66]

Die Ergebnisse zeigten ein mittleres Alter von 34.5 Jahren. Die häufigste Erkrankung, welche zur Rehabilitation führte, waren von neurologischem und psychiat-
rischen Diagnose. Die eindeutige Mehrheit hatte vor Erkrankung mit 74% eine
vorherige Berufsausbildung absolviert. Der dominierende Bildungsabschluss ist
mit einer Teilmenge von 77 die mittlere Reife. In 69,4 % der Fälle war die Deutsche Rentenversicherung der Kostenträger und mit 14,8% die Agentur für Arbeit.
Die Rehabilitationsmaßnahme wurde mit einem Anteil von 52,6% als gut bewertet und 26% mit sehr gut. 16,8% bewertet die Rehabilitation als befriedigend.[67]

Als Fazit kann eine günstige Bewertung der beruflichen Teilhabe geschlossen
werden. Diese Forschungsprojekt kann einen praktischen Beitrag dazu leisten,
die Evidenzbasierung der Rehabilitationsform zu überprüfen und weiter zu verbessern.[68]

Berufliche Rehabilitation

„Im Rahmen von Leistungen zur Teilhabe behinderter Menschen am Arbeitsleben (LTA- Projekt) können Personen mit Behinderungen und gesundheitlichen
Einschränkungen bei einer beruflichen Wiedereingliederung in den Arbeitsmarkt
gefördert und unterstützt werden."[69] Während des Rehabilitationsverfahrens

---

[65] Vgl. Nordmann, o.J.
[66] Vgl. Nordmann, o.J.
[67] Vgl. Nordmann, o.J.
[68] Vgl. Nordmann, o.J.
[69] Buschmann-Steinhage et al. (2018), S. 236.

17

kommen diverse Integrationsleistungen und Qualifikationsleistungen zum Einsatz, die sehr individuell auf die Person ausgerichtet und angepasst ist. Die vom Institut für Arbeitsmarkt- und Berufsforschung durchgeführte Studie soll eine Gruppe von Wiedereingliedernde detailliert betrachten. Mit zusätzlichen Statistiken der Bundesagentür für Arbeit wurden weitere Personenmerkmale ergänzt. Insgesamt wurden neben der Personenstruktur oder der Personencharakteristik, die genutzten Maßnahmen, der Zugangsstatus zu Leistungen zur LTA (Teilhabe am Arbeitsleben und den Beruf im Vergleich vor und nach der beruflichen Rehabilitation. Bei der Methodik wurden Reha-Prozessdaten genommen, mit Hilfe derer der Rehabilitationsprozess nachvollzogen werden konnte, sowie die Erwerbsverläufe. Die Daten umfassen einen Analysezeitraum von 5 Jahren.[70]

Zum Ergebnis kam, dass 32.500 Personen eine Teilhabe am Arbeitsleben bei der Bundesagentur für Arbeit beantragt haben. Seit den Anfängen ist ein Anstieg der Antragszahlen zu beobachten, von denen 80% als Rehabilitanden anerkannt werden. Von diesen 80% beantragten 50% aus einer arbeitslosen Situation heraus. Die Hälfte der Personen weist eine Behinderung im Bereich des Stütz- und Bewegungsapparates auf, danach kommt die Gruppe mit psychischer Behinderung. Die primäre Wiedereingliederungsstrategie sind Weiterbildungs- sowie Umschulungsmaßnahmen. Der Vergleich der Erwerbstätigkeit im zeitlichen Verlauf, zeigt eine eher kognitive, analytische Beschäftigung nach der Rehabilitation, während vorher eher manuelle Beschäftigungen ausgeführt wurden.[71]

Als Fazit aus dieser Studie wurde gezogen, dass der vermehrte Zugang durch eine verbesserte Informiertheit darüber herrscht, welche Fördermöglichkeiten bestehen. Außerdem kann die Interpretation auf eine verstärkte Auftragserfüllung der Agentur für Arbeit hindeuten. Desweiteren beschreibt die Antragserhöhung eine größere Bedürftigkeit der LTA.[72]

Die Ergebnisse der Studie können bei der Optimierung der Maßnahmen helfen. So wurde die Interpretation der steigenden Nutzung darauf gelegt, dass die Per-

---

[70] Vgl. Buschmann-Steinhage et al. (2018), S. 236.
[71] Vgl. Buschmann-Steinhage et al. (2018), S. 237.
[72]Vgl. Buschmann-Steinhage et al. (2018), S. 237.

sonen informierter über Möglichkeiten sind und die Bundesagentur für Arbeit ihren Auftrag intensiv nachgeht. Dies bestätigt die Kommunikation der Maßnahmen. Die erhöhte Bedürftigkeit kann dazu führen, dass die Prävention weiter optimiert wird.[73]

---

[73] Vgl. Buschmann-Steinhage et al. (2018), S. 237.

Quellenverzeichnis

Antonovsky, Aaron und Franke, Alexa (1997): Salutogenese: zur Entmystifizierung der Gesundheit. 1. Auflage, Tübingen.

Bengel, Jürgen und Koch, Uwe (Hrsg.) (2000): Grundlagen der Rehabilitationswissenschaften: Themen, Strategien und Methoden der Rehabilitationsforschung ; mit 32 Tabellen. 1. Auflage, Berlin.

Bengel, Jürgen und Lyssenko, Lisa (2012): Resilienz und psychologische Schutzfaktoren im Erwachsenenalter: Stand der Forschung zu psychologischen Schutzfaktoren von Gesundheit im Erwachsenenalter. 12. Auflage, Köln.

Bengel, Jürgen und Mittag, Oskar (2016): Psychologie in der medizinischen Rehabilitation. 1. Auflage, Berlin.

Bengel, Jürgen; Strittmatter, Regine und Willmann, Hildegard (2006): Was erhält Menschen gesund? Antonovskys Modell der Salutogenese. 9. Auflage, Köln.

Bliem, Wolfgang: Psychologen Kurzbeschreibung. Url: https://www.bic.at/berufsinformation.php?beruf=psychologe-psychologin&brfid=993, abgerufen am 14. Dezember 2019.

Buschmann-Steinhage, Rolf; Haaf, Hans-Günter und Koch, Uwe (2018): 27. Rehabilitationswissenschaftliches Kolloquium. München.

Engel, Alice: Frühförderung | Der FamilienAtlas. Url: https://gesundheit-erholung/familie-und-gesundheit/fruehfoerderung, abgerufen am 14. Dezember 2019.

Faltermaier, Toni und Faltermaier, Toni (2017): Gesundheitspsychologie.2. Auflage, Stuttgart.

Jochheim, Ralf: Koharänzgefühl und Resilenz. Url: https://nordseeklinik-westfalen.de/wp-content/uploads/2019/03/Jochheim_veroeffentlicht.pdf.

Knörzer, Wolfgang; Amler, Wolfgang; Heid, Sarah(2019): Das Heidelberger Kompetenztraining: Grundlagen, Methodik und Anwendungsfelder zur Entwicklung mentaler Stärke. 1.Auflage, Wiesbaden.

Kurtenacker, Andrea: Forschungs- & Projektförderung. Url: https://www.rehadat-forschung.de/forschende/foerderung/forschungs-projektfoerderung/, abgerufen am 15. Dezember 2019a.

Kurtenacker, Andrea: Instutitionen und Netzwerke. Url: https://www.rehadat-forschung.de/forschende/institutionen-netzwerke/, abgerufen am 15. Dezember 2019b.

Nordmann, Andrea: MEMBER Studie. Url: https://www.mbreha.de/209-0-die-member-studie.html, abgerufen am 15. Dezember 2019.

Renneberg, Babette und Hammelstein, Philipp (Hrsg.) (2006): Gesundheitspsychologie: mit 21 Tabellen. 1.Auflage, Heidelberg.

Simon, Liane: VIFF Frühförderung. Url: https://www.viff-fruehfoerderung.de/eltern/leistungen/, abgerufen am 14. Dezember 2019.

Wolf-Kühn, Nicola und Morfeld, Matthias (2016): Rehabilitationspsychologie. 1.Auflage,Wiesbaden.